Biografia di Silvio Berlusconi

Tra Media, Politica e Controversie

Nolan Walker

1

Sommario

Conclusioni

Introduzione

Silvio Berlusconi è stato uno dei personaggi più influenti e controversi della politica italiana e dei media nel corso degli ultimi decenni. La sua vita e la sua carriera sono state caratterizzate da una straordinaria ascesa imprenditoriale, dall'ingresso nella politica nazionale e dall'esercizio di tre mandati come Primo Ministro d'Italia. Tuttavia, dietro la facciata dei successi pubblici si celano anche numerose controversie, scandali e sfide legali che hanno segnato il suo percorso.

Nella seguente biografia, esploreremo in dettaglio la vita e il lascito di Silvio Berlusconi, dall'infanzia alla sua morte nel 2023. Analizzeremo il suo ruolo fondamentale nella trasformazione dei media italiani, la sua ascesa politica e le politiche implementate durante i suoi mandati come capo del governo italiano. Esamineremo anche le relazioni internazionali di Berlusconi, le sue controversie legali e i suoi problemi di salute, offrendo una panoramica completa di un uomo che ha lasciato un'impronta indelebile sulla storia moderna dell'Italia.

Partendo dalle sue umili origini e dalla sua ascesa nel mondo degli affari, ci addentreremo nel suo ruolo di magnate dei media e imprenditore di successo. Esploreremo la fondazione di Fininvest e il rapido sviluppo di un impero commerciale che ha influenzato profondamente il panorama mediatico italiano. Analizzeremo le tattiche imprenditoriali di Berlusconi e le controversie legali che hanno accompagnato la sua ascesa al potere, offrendo un quadro completo della sua carriera imprenditoriale e dei suoi successi.

Successivamente, ci concentreremo sull'ingresso di Berlusconi in politica e sulla formazione del partito Forza Italia. Esamineremo le sue vittorie e le sue sconfitte nelle elezioni, così come le politiche implementate durante i suoi mandati come Primo Ministro. Analizzeremo le alleanze politiche di Berlusconi, le sue relazioni internazionali e la sua influenza sulla politica estera italiana, fornendo un'analisi approfondita del suo impatto sulla scena politica nazionale e internazionale.

Inoltre, esamineremo le controversie e gli scandali che hanno segnato la carriera politica di Berlusconi, inclusi i suoi problemi legali e le accuse di corruzione. Offriremo una panoramica delle sfide affrontate da Berlusconi durante la sua carriera politica, così come delle critiche e delle polemiche che hanno circondato le sue azioni e decisioni.

Infine, esploreremo gli ultimi anni di vita di Berlusconi, i suoi problemi di salute e la sua eredità duratura sulla politica italiana e sui media. Offriremo una riflessione finale sul suo impatto sulla società italiana e sulle sfide che ancora affrontiamo nel suo lascito.

Capitolo 1: Vita e Attività Imprenditoriale

Sezione 1: Origini e primi passi nella vita di Silvio Berlusconi

Silvio Berlusconi, figura iconica della politica italiana e titan dell'imprenditoria mediatica, ha tracciato un percorso straordinario che ha avuto origine nelle sue umili origini e nei suoi primi passi nell'affascinante mondo degli affari. Nato il 29 settembre 1936 a Milano, Berlusconi è cresciuto in una famiglia della classe lavoratrice, dove ha imparato i valori dell'impegno, della determinazione e dell'ambizione.

Fin dai suoi primi anni, Berlusconi ha dimostrato un ingegno vivace e una spiccata abilità imprenditoriale. Mentre frequentava l'Università Statale di Milano, Berlusconi ha iniziato a lavorare come cantante crooner in locali notturni, guadagnandosi un modesto stipendio che gli ha permesso di sostenere i suoi studi e di coltivare la sua passione per l'intrattenimento.

Dopo aver conseguito la laurea in giurisprudenza nel 1961, Berlusconi ha iniziato la sua carriera lavorativa nel settore edile, fondando la sua prima impresa, la Edilnord, specializzata nella costruzione e nello sviluppo immobiliare. Questo primo successo imprenditoriale ha segnato l'inizio di una serie di investimenti e iniziative imprenditoriali che avrebbero plasmato il futuro di Berlusconi.

Tuttavia, è stato nel settore dei media che Berlusconi ha trovato la sua vera vocazione e ha avviato la sua ascesa verso il successo straordinario. Nel 1975, ha fondato il suo primo gruppo mediatico, Fininvest, che sarebbe diventato il fulcro del suo impero mediatico in rapida espansione. Guidato dalla sua visione audace e dalla sua capacità di cogliere le opportunità emergenti nel panorama mediatico italiano, Berlusconi ha trasformato Fininvest in un'entità multimiliardaria che avrebbe rivoluzionato il panorama mediatico italiano.

Il percorso imprenditoriale di Berlusconi non è stato privo di sfide e ostacoli. Ha affrontato critiche, controversie e battaglie legali lungo la sua strada verso il successo. Tuttavia, la sua determinazione, la sua resilienza e la sua visione avanguardista lo hanno portato a superare ogni ostacolo e a consolidare il suo status come uno dei più influenti magnati dei media nel panorama italiano e internazionale.

I primi passi nella vita di Silvio Berlusconi hanno gettato le basi per la sua straordinaria carriera imprenditoriale e politica. Attraverso il suo ingegno, la sua intraprendenza e il suo impegno instancabile, Berlusconi ha dimostrato che con determinazione e visione è possibile realizzare grandi ambizioni. La sua storia ispiratrice continua a suscitare ammirazione e interesse in tutto il mondo, e il suo impatto sulla società italiana rimane indelebile.

Sezione 2: Fondazione di Fininvest e espansione nel mondo dei media

Dopo aver intrapreso i suoi primi passi nel mondo degli affari, Silvio Berlusconi ha fondato la sua prima impresa mediale, dando così inizio a un'avventura che avrebbe trasformato il panorama mediatico italiano. Nel 1975, Berlusconi ha dato vita a Fininvest, una mossa audace che ha segnato l'inizio di un'ascesa senza precedenti nel settore dei media.

Fininvest ha rappresentato il trampolino di lancio per Berlusconi nel mondo dei media, aprendo la strada alla creazione di un impero televisivo senza precedenti. Inizialmente, Fininvest si concentrava su una rete di stazioni televisive locali, ma ben presto si è evoluta in un network nazionale, con l'introduzione di Canale 5 nel 1980, seguito da Italia 1 nel 1982 e da Rete 4 nel 1984. Queste reti hanno rapidamente guadagnato popolarità, offrendo una programmazione diversificata e innovativa che ha catturato l'attenzione del pubblico italiano.

La fondazione di queste reti ha rappresentato una sfida diretta al monopolio televisivo detenuto dalla RAI, il principale broadcaster nazionale in Italia all'epoca. Berlusconi ha dovuto affrontare ostacoli legali e politici significativi per stabilire e far crescere il suo impero mediatico. Tuttavia, con il sostegno di Bettino Craxi, all'epoca primo ministro italiano, Berlusconi ha ottenuto il via libera per le trasmissioni nazionali delle sue reti televisive, aprendo la strada a una nuova era nei media italiani.

Con il passare degli anni, Fininvest ha continuato a espandersi, acquisendo altre reti televisive nazionali e internazionali, consolidando così la sua posizione come leader nel settore dei media. Berlusconi ha dimostrato una visione imprenditoriale eccezionale, capitalizzando sulle opportunità emergenti nel mondo dei media e anticipando le tendenze del mercato. Il suo approccio innovativo e la sua determinazione nel perseguire il successo hanno contribuito in modo significativo alla crescita e allo sviluppo dell'industria dei media in Italia e oltre.

Tuttavia, l'ascesa di Berlusconi nel mondo dei media non è stata priva di controversie. Le sue azioni sono state oggetto di indagini e polemiche, con accuse di monopolio e manipolazione dell'opinione pubblica. Nonostante le critiche e le sfide,

Berlusconi ha continuato a consolidare il suo impero mediatico, dimostrando una resilienza straordinaria e una determinazione incrollabile nel perseguire i suoi obiettivi imprenditoriali.

La fondazione di Fininvest e l'espansione nel mondo dei media rimangono un capitolo fondamentale nella storia di Silvio Berlusconi e nel panorama mediatico italiano. Il suo impatto duraturo e la sua eredità nel settore dei media continuano a essere oggetto di dibattito e di studio, testimonianza del suo ruolo significativo nella trasformazione della società italiana e nella definizione dei media moderni.

Sezione 3: Sfide e controversie affrontate nella costruzione del suo impero commerciale

Durante il corso della sua lunga carriera imprenditoriale, Silvio Berlusconi ha affrontato numerose sfide e controversie nella costruzione del suo impero commerciale. Nonostante il suo successo nel creare un vasto network mediatico e aziendale, il percorso di Berlusconi è stato costellato da ostacoli legali, contenziosi politici e critiche riguardo alle sue pratiche commerciali e al suo ruolo nei media italiani.

Una delle principali sfide affrontate da Berlusconi è stata la gestione delle leggi italiane che regolavano il settore dei media. Durante gli anni in cui ha fondato e sviluppato Fininvest, Berlusconi ha dovuto navigare attraverso un ambiente normativo complesso e in continua evoluzione. Le leggi che limitavano il numero e la portata delle reti televisive private hanno costituito un ostacolo significativo per l'espansione di Berlusconi nel settore dei media. Tuttavia, Berlusconi ha dimostrato ingegno e determinazione nel superare queste barriere, sfruttando al meglio le opportunità legali e politiche disponibili per promuovere il suo impero mediatico.

Oltre alle sfide legali, Berlusconi ha anche affrontato critiche riguardo alla sua gestione delle aziende e al suo impatto sui media italiani. Le accuse di monopolio e di conflitto di interessi sono state frequenti nei confronti di Berlusconi, soprattutto considerando il suo controllo su un'ampia gamma di piattaforme mediatiche e aziende. Le preoccupazioni riguardo alla concentrazione del potere mediatico e alla libertà di stampa sono emerse, alimentando dibattiti e controversie sulla sua influenza sulla politica e sulla società italiana.

Inoltre, Berlusconi ha dovuto affrontare contenziosi legali e procedimenti giudiziari legati alle sue attività imprenditoriali. Accuse di frode fiscale, corruzione e riciclaggio di denaro hanno oscurato la sua reputazione e hanno minato la sua credibilità come leader imprenditoriale e politico. Tuttavia, Berlusconi ha continuato a difendersi strenuamente contro queste accuse, utilizzando le risorse legali e politiche a sua disposizione per proteggere il suo impero commerciale e la sua reputazione personale.

Nonostante le sfide e le controversie affrontate lungo il cammino, Silvio Berlusconi è riuscito a costruire un impero commerciale senza precedenti nel panorama italiano. La sua abilità imprenditoriale, la sua visione strategica e la sua determinazione senza compromessi hanno contribuito a plasmare il panorama mediatico e imprenditoriale italiano, lasciando un'impronta indelebile sulla storia economica e politica del paese.

Capitolo 2: Ascesa Politica

Sezione 1: Ingresso di Berlusconi in politica con la formazione di Forza Italia

L'ingresso di Silvio Berlusconi in politica segnò un punto di svolta nella storia politica italiana, dando vita a uno dei movimenti più significativi degli ultimi decenni: Forza Italia. Questa sezione esplorerà il contesto e gli eventi che hanno portato alla nascita di questo partito, delineando il ruolo di Berlusconi come suo fondatore e leader.

Negli anni '80 e '90, l'Italia stava attraversando profondi cambiamenti politici e sociali. La caduta del sistema del Pentapartito, dominato dalla Democrazia

Cristiana e da altri partiti, lasciò un vuoto politico che molti cercarono di colmare. In questo scenario, Berlusconi, già affermato imprenditore nel settore dei media e della comunicazione, cominciò a considerare seriamente l'idea di entrare in politica.

La sua decisione di fondare un nuovo partito politico fu il risultato di un'analisi accurata del panorama politico italiano e delle sue opportunità. Berlusconi, conscio del suo carisma e del suo potere mediatico, vedeva la politica come un'estensione naturale delle sue attività imprenditoriali. Nel 1993, durante una cena con alcuni amici e collaboratori di fiducia, Berlusconi annunciò la sua intenzione di creare un movimento politico capace di unire l'Italia sotto un'unica bandiera.

Forza Italia, il partito politico fondato da Berlusconi, fu ufficialmente lanciato il 26 gennaio 1994. Il nome stesso, scelto personalmente da Berlusconi, rifletteva l'ottimismo e la determinazione del suo leader. L'obiettivo dichiarato di Forza Italia era quello di riunire gli italiani intorno a valori di libertà, democrazia e sviluppo economico.

Il lancio di Forza Italia fu caratterizzato da una campagna mediatica senza precedenti, sfruttando appieno le risorse e le reti televisive controllate da Berlusconi. I suoi canali televisivi, tra cui Canale 5 e Italia 1, furono utilizzati per diffondere il messaggio del nuovo partito, raggiungendo milioni di italiani in tutto il paese.

La strategia di Berlusconi si basava sull'appeal personale e sulla promessa di un cambiamento radicale per l'Italia. La sua immagine di imprenditore di successo e di uomo d'affari intraprendente attrasse molti elettori stanchi della politica tradizionale e desiderosi di un leader che potesse portare freschezza e innovazione al governo.

Il debutto elettorale di Forza Italia alle elezioni politiche del 1994 fu un successo senza precedenti. Il partito ottenne il 21% dei voti, diventando il primo partito italiano in termini di consenso popolare. Berlusconi stesso fu eletto alla Camera dei Deputati, consolidando ulteriormente la sua posizione di leader politico emergente.

L'ascesa di Berlusconi e di Forza Italia suscitò reazioni contrastanti nella politica italiana. Mentre molti vedevano in lui un nuovo e promettente leader, altri lo accusavano di essere un opportunista senza principi, interessato solo al proprio tornaconto personale. Tuttavia, il successo elettorale di Forza Italia non poteva essere ignorato, e Berlusconi si trovò al centro della scena politica italiana con un potere e un'influenza senza precedenti.

In conclusione, l'ingresso di Silvio Berlusconi in politica con la formazione di Forza Italia rappresentò un momento cruciale nella storia italiana. Il suo carisma, il suo pragmatismo e la sua abilità imprenditoriale gli permisero di emergere come uno dei leader più influenti e controversi del paese. La nascita di Forza Italia segnò l'inizio di un'era politica dominata dalla figura di Berlusconi e dai suoi ideali di libertà, sviluppo economico e rinnovamento.

Sezione 2: Vittorie e Mandati come Primo Ministro d'Italia

Dopo il suo ingresso trionfale in politica nel 1994, Silvio Berlusconi non tardò a dimostrare la sua abilità nel navigare le acque tumultuose della politica italiana. La formazione del suo partito, Forza Italia, si rivelò un catalizzatore per una nuova era politica nel paese, segnando l'inizio di una lunga serie di vittorie e mandati come Primo Ministro.

Berlusconi, con il suo carisma e la sua retorica accattivante, riuscì a conquistare il cuore degli italiani, promettendo un cambiamento radicale e la realizzazione di un'Italia più prospera e dinamica. La sua campagna elettorale del 1994 fu caratterizzata da una serie di promesse ambiziose, tra cui la creazione di un milione di posti di lavoro e la semplificazione del sistema fiscale nazionale.

La vittoria elettorale di Forza Italia nel marzo del 1994 segnò l'inizio del primo mandato di Berlusconi come Primo Ministro d'Italia. Tuttavia, il suo governo dovette affrontare sfide immediate e complesse, inclusi problemi di coalizione e controversie interne. Nonostante ciò, Berlusconi riuscì a portare avanti alcune riforme significative, concentrandosi principalmente sulla liberalizzazione dell'economia e sulla riduzione della pressione fiscale sulle imprese.

Tuttavia, il suo primo mandato fu segnato anche da turbolenze politiche e scandali, che minarono la sua credibilità e la stabilità del suo governo. Le tensioni con i suoi alleati di coalizione, in particolare con la Lega Nord, e le accuse di conflitto di interessi legate alla sua vasta rete di interessi commerciali, gettarono un'ombra sulla sua leadership.

Nonostante le difficoltà, Berlusconi mantenne salda la sua presa sul potere e nel 2001 si presentò nuovamente come candidato alla carica di Primo Ministro. La sua campagna elettorale, caratterizzata dal famoso "Contratto con gli Italiani", contribuì alla sua vittoria schiacciante alle elezioni del 2001, consolidando così il suo status di leader politico in Italia.

Il secondo mandato di Berlusconi come Primo Ministro vide una combinazione di successi e sfide. Da un lato, il suo governo riuscì a introdurre alcune riforme significative nel sistema giudiziario e a promuovere politiche economiche favorevoli agli investimenti e alla crescita. Dall'altro, il suo secondo mandato fu segnato da crescenti tensioni con l'opposizione e da scandali che minarono la sua popolarità e il sostegno pubblico.

Nonostante gli ostacoli, Berlusconi mantenne la sua posizione di leadership fino al 2006, quando il suo governo fu sconfitto nelle elezioni da una coalizione di centrosinistra guidata da Romano Prodi. Tuttavia, questo non segnò la fine della sua carriera politica, poiché Berlusconi tornò alla carica nel 2008, vincendo nuovamente le elezioni e iniziando così il suo terzo mandato come Primo Ministro d'Italia.

Il terzo mandato di Berlusconi fu segnato da una serie di sfide e controversie, tra cui tensioni economiche legate alla crisi finanziaria globale e scandali personali che minarono la sua leadership e la stabilità del suo governo. Nel 2011, Berlusconi fu costretto a dimettersi dopo aver perso la maggioranza in parlamento, mettendo così fine al suo terzo mandato come Primo Ministro.

Nonostante le controversie e le critiche, il ruolo di Silvio Berlusconi nella politica italiana rimane inciso nella storia del paese. Le sue vittorie e mandati come Primo Ministro d'Italia hanno plasmato il panorama politico italiano per decenni, influenzando non solo le politiche nazionali, ma anche il dibattito pubblico e la cultura politica del paese. La sua eredità, con tutte le sue sfumature e complessità, continua a suscitare interesse

e dibattito tra gli studiosi e gli osservatori
della politica italiana.

Sezione 3: Coalizioni, alleanze e controversie durante la sua carriera politica.

Durante la sua lunga carriera politica, Silvio Berlusconi ha navigato tra un intricato labirinto di coalizioni, alleanze e controversie che hanno plasmato il panorama politico italiano. La sua abilità nel costruire e mantenere alleanze, nonché la sua capacità di gestire le controversie interne, sono state caratteristiche distintive del suo percorso politico. Tuttavia, queste stesse dinamiche hanno anche contribuito a instabilità e sfide nel corso degli anni.

Berlusconi ha fondato Forza Italia nel 1994, un partito politico che ha rapidamente guadagnato terreno e ha sconvolto il panorama politico italiano. Il suo stile carismatico e la sua retorica persuasiva hanno contribuito al successo iniziale di Forza Italia, consentendo al partito di ottenere una solida base di sostenitori in un breve lasso di tempo. Tuttavia, la natura del sistema politico italiano, caratterizzato da una frammentazione dei partiti e da coalizioni mutevoli, ha reso necessario per Berlusconi cercare alleanze con altri partiti per raggiungere i suoi obiettivi politici.

Una delle alleanze più significative di Berlusconi è stata quella con la Lega Nord, un partito che rappresenta gli interessi del nord Italia e che ha fatto leva sul sentimento separatista nella regione. Questa partnership ha fornito a Berlusconi un importante sostegno politico elettorale, consentendogli di ottenere una maggioranza parlamentare e di assumere l'incarico di primo ministro in più occasioni. Tuttavia, la natura spesso controversa della Lega Nord ha portato a tensioni all'interno della coalizione di governo, con divergenze su questioni cruciali come l'autonomia regionale e l'immigrazione.

Altre alleanze e coalizioni formate da Berlusconi hanno avuto altrettanto un impatto significativo sul panorama politico italiano. Ad esempio, durante il suo mandato come primo ministro, Berlusconi ha lavorato con il Partito Popolare Europeo e altri partiti di centro-destra per promuovere una serie di riforme economiche e sociali. Tuttavia, le tensioni all'interno della coalizione sono emerse su questioni come la riforma delle pensioni e la politica fiscale, minando a volte l'efficacia del governo.

Oltre alle alleanze politiche, Berlusconi ha affrontato una serie di controversie e scandali che hanno messo a dura prova la sua leadership e la sua credibilità politica. Le accuse di corruzione, conflitto di interessi e comportamento indecoroso hanno minato la sua reputazione e hanno alimentato la critica dei suoi avversari politici. Tuttavia, Berlusconi è stato abile nel gestire queste controversie, utilizzando la sua influenza nei media e la sua retorica persuasiva per difendersi dalle accuse e mantenere il sostegno dei suoi sostenitori.

In sintesi, la carriera politica di Silvio Berlusconi è stata caratterizzata da una serie di coalizioni, alleanze e controversie che hanno plasmato il panorama politico italiano. La sua abilità nel navigare tra queste dinamiche complesse, insieme alla sua determinazione e al suo carisma, lo ha reso una figura polarizzante ma influente nella politica italiana.

Capitolo 3: Successi e Sconfitte

Sezione 1: Esame dei successi e delle iniziative politiche di Berlusconi durante il suo mandato

Durante i suoi mandati come Primo Ministro d'Italia, Silvio Berlusconi ha promosso una serie di politiche e iniziative volte a portare avanti la sua visione per il paese. Questo capitolo si propone di esaminare da vicino i successi ottenuti da Berlusconi durante il suo periodo di governo, analizzando le principali politiche implementate e il loro impatto sulla società italiana.

Una delle iniziative di maggior rilievo durante il governo di Berlusconi è stata la riforma fiscale del 2003, che ha introdotto significative modifiche al sistema tributario italiano. Questa riforma ha semplificato le aliquote fiscali, riducendo il numero di aliquote e abbassando le tasse per molti contribuenti. In particolare, l'introduzione di un'aliquota fiscale unica del 23% per redditi inferiori a 100.000 euro ha rappresentato un cambiamento significativo nella struttura fiscale del paese. Questa riforma è stata accolta positivamente da molti settori della società italiana, che hanno visto in essa un segnale di semplificazione e riduzione della pressione fiscale.

Un altro successo del governo Berlusconi è stato il programma di investimenti pubblici avviato per affrontare le sfide infrastrutturali del paese. Attraverso questo programma, sono stati avviati numerosi progetti per migliorare le infrastrutture stradali, ferroviarie e portuali, nonché per modernizzare il sistema di trasporto pubblico. Questi investimenti hanno contribuito a migliorare la competitività del paese e a favorire lo sviluppo economico in molte regioni.

Berlusconi ha inoltre promosso politiche per favorire la crescita economica e l'occupazione, attraverso incentivi fiscali per le imprese e misure per ridurre la burocrazia e semplificare le procedure amministrative. In particolare, il governo ha introdotto misure per favorire l'imprenditorialità e sostenere le piccole e medie imprese, considerate il motore trainante dell'economia italiana. Queste politiche hanno contribuito a stimolare l'attività economica e a creare nuove opportunità di lavoro per i cittadini italiani.

Tuttavia, nonostante questi successi, il governo Berlusconi ha anche affrontato diverse sfide e critiche durante il suo mandato. Alcune delle principali critiche riguardavano la gestione delle finanze pubbliche e la lotta alla corruzione. Nonostante gli sforzi per ridurre il debito pubblico e migliorare la trasparenza nel settore pubblico, il governo è stato oggetto di accuse di favoritismo e conflitti di interesse legati agli interessi commerciali di Berlusconi.

Inoltre, il governo Berlusconi ha dovuto affrontare le conseguenze della crisi economica globale del 2008, che ha colpito duramente l'Italia e messo a dura prova le sue finanze pubbliche.

Nonostante gli sforzi per stimolare la crescita economica e creare nuovi posti di lavoro, il paese ha continuato a lottare con alti livelli di disoccupazione e una crescita economica stagnante.

In definitiva, il governo Berlusconi ha ottenuto alcuni successi significativi durante il suo mandato, tra cui la riforma fiscale, gli investimenti infrastrutturali e le politiche per favorire la crescita economica. Tuttavia, ha anche affrontato diverse critiche e sfide, che hanno evidenziato la complessità della governance e le difficoltà nel gestire un paese come l'Italia.

<u>Sezione 2: Analisi delle critiche e delle accuse di opposizione riguardo alle promesse non mantenute</u>

L'ascesa politica di Silvio Berlusconi è stata caratterizzata da una serie di promesse e impegni rivolti agli elettori italiani. Tuttavia, lungo il corso della sua carriera politica, diverse critiche e accuse sono state sollevate dall'opposizione riguardo al mancato mantenimento di queste promesse. In questa sezione, esamineremo attentamente tali critiche e valuteremo la loro validità.

Uno degli obiettivi principali annunciati da Berlusconi era la semplificazione del sistema fiscale italiano, con l'introduzione di soli due aliquote fiscali. Tuttavia, nonostante le promesse, questa riforma non è mai stata pienamente attuata.

L'opposizione ha sottolineato il fallimento del governo nel realizzare questa importante riforma, che avrebbe dovuto favorire la crescita economica e migliorare la competitività del paese.

Un'altra promessa significativa era quella di ridurre il tasso di disoccupazione. Nonostante gli sforzi del governo, la disoccupazione in Italia è rimasta a livelli relativamente alti durante il mandato di Berlusconi. L'opposizione ha criticato aspramente il governo per non essere riuscito a fornire soluzioni efficaci per affrontare questa sfida economica fondamentale.

Berlusconi aveva anche promesso di finanziare e sviluppare un vasto programma di lavori pubblici per stimolare l'economia. Tuttavia, molte di queste iniziative non sono mai state pienamente realizzate, e molte delle promesse di investimenti pubblici sono rimaste lettera morta. Ciò ha portato a un ulteriore scetticismo da parte dell'opposizione e dei critici riguardo alla capacità del governo di tradurre le promesse in azioni concrete.

Un'altra promessa chiave riguardava il aumento del tasso minimo di pensione. Sebbene siano state apportate alcune modifiche al sistema pensionistico durante il mandato di Berlusconi, molte persone anziane hanno continuato a vivere al di sotto della soglia di povertà. Di conseguenza, l'opposizione ha accusato il governo di non aver fatto abbastanza per migliorare la situazione dei pensionati e garantire loro una vita dignitosa.

Infine, Berlusconi aveva promesso di ridurre il tasso di criminalità attraverso l'aumento delle pattuglie di polizia nelle città italiane. Tuttavia, i dati sull'insicurezza e la criminalità hanno continuato a essere motivo di preoccupazione per molti cittadini, alimentando così ulteriori critiche nei confronti del governo.

Sezione 3: Sfide economiche e fattori globali che hanno influenzato il governo di Berlusconi

Durante i suoi mandati come Primo Ministro d'Italia, Silvio Berlusconi si è trovato ad affrontare una serie di sfide economiche e fattori globali che hanno plasmato profondamente il suo governo e la sua politica economica. Queste sfide, spesso interconnesse con eventi e tendenze internazionali, hanno rappresentato una costante pressione sulle politiche economiche e finanziarie del governo, influenzando direttamente il panorama politico ed economico italiano.

Una delle principali sfide che Berlusconi ha dovuto affrontare è stata la crisi economica globale del 2008, originata dalla crisi finanziaria statunitense e propagatasi rapidamente in tutto il mondo. L'Italia non è stata immune agli effetti di questa crisi, che ha causato una grave recessione economica e un aumento della disoccupazione nel paese. Berlusconi si è trovato ad affrontare una pressione crescente per implementare misure di stimolo economico e per gestire le crescenti preoccupazioni riguardo alla stabilità finanziaria del paese.

Inoltre, Berlusconi ha dovuto confrontarsi con la crescente pressione dell'Unione Europea e degli organismi finanziari internazionali per ridurre il deficit di bilancio e la spesa pubblica, nell'ambito degli sforzi per stabilizzare l'economia italiana e rispettare gli obblighi di bilancio europei. Questa pressione ha spesso creato tensioni all'interno del governo e con i partner di coalizione di Berlusconi, che hanno resistito alle misure di austerità proposte dal governo.

Allo stesso tempo, Berlusconi ha cercato di promuovere politiche economiche volte a stimolare la crescita economica e a creare posti di lavoro, attraverso misure quali la riduzione delle tasse, la semplificazione della burocrazia e gli incentivi per le imprese. Tuttavia, la realizzazione di queste politiche è stata ostacolata da una serie di fattori, tra cui la resistenza dell'opposizione politica, le difficoltà nel negoziare riforme strutturali con i partner di coalizione e la crescente instabilità politica interna.

Inoltre, Berlusconi ha dovuto affrontare le sfide derivanti dalla globalizzazione economica e dalla concorrenza internazionale. L'Italia si è trovata ad affrontare una crescente concorrenza da parte di paesi emergenti con costi del lavoro più bassi e una maggiore competitività nei settori manifatturiero e dei servizi. Berlusconi ha cercato di affrontare questa sfida attraverso politiche volte a promuovere l'innovazione e l'efficienza economica, ma ha incontrato resistenza da parte di alcuni settori industriali e sindacati.

Infine, Berlusconi ha dovuto gestire le conseguenze della crisi del debito sovrano dell'Eurozona, che ha colpito duramente alcuni paesi dell'Unione Europea, tra cui l'Italia. La crescente pressione sui tassi di interesse e la domanda di riforme strutturali hanno posto ulteriori sfide al governo di Berlusconi, che ha dovuto negoziare con i partner europei e rassicurare i mercati finanziari sulla solidità dell'economia italiana.

In sintesi, le sfide economiche e i fattori globali hanno costituito una costante pressione sul governo di Berlusconi, influenzando direttamente le sue politiche economiche e finanziarie. Nonostante gli sforzi del governo per promuovere la crescita economica e affrontare le sfide globali, Berlusconi ha spesso dovuto fare i conti con le critiche e le resistenze interne ed esterne, che hanno limitato la sua capacità di agire in modo efficace e coerente.

Capitolo 4: Politica Estera e Relazioni Internazionali

Sezione 1: Posizione di Berlusconi sulla politica estera americana e relazioni con l'UE.

La politica estera di Silvio Berlusconi, durante i suoi mandati come Primo Ministro d'Italia, è stata caratterizzata da una stretta alleanza con gli Stati Uniti d'America e da un impegno rafforzato all'interno dell'Unione Europea (UE). La sua visione geopolitica rifletteva un'adesione ai principi della democrazia liberale e una forte inclinazione verso il sostegno alle politiche americane in materia di sicurezza e difesa. Inoltre, Berlusconi ha giocato un ruolo chiave nel promuovere una maggiore integrazione europea e una cooperazione più stretta tra gli Stati membri dell'UE.

Durante il suo mandato, Berlusconi ha stabilito e mantenuto un rapporto caloroso e collaborativo con diversi presidenti americani, compresi George W. Bush e Barack Obama. La sua stretta alleanza con gli Stati Uniti è emersa chiaramente durante il periodo post-11 settembre, quando ha sostenuto fermamente l'intervento militare americano in Afghanistan e ha offerto un sostegno significativo alle operazioni della NATO nella regione. Berlusconi ha sottolineato l'importanza di un'azione collettiva contro il terrorismo internazionale e ha lavorato per rafforzare i legami transatlantici tra gli Stati Uniti e l'Europa.

Inoltre, Berlusconi ha sostenuto attivamente la politica estera americana in altre aree critiche, come il conflitto in Medio Oriente. Ha espresso un forte sostegno a Israele e ha lavorato per promuovere il dialogo e la cooperazione tra Israele e i suoi vicini nella regione. Berlusconi ha anche sostenuto gli sforzi americani per promuovere la democrazia e i diritti umani in tutto il mondo, spingendo per una maggiore azione internazionale per affrontare le minacce alla pace e alla sicurezza globale.

Parallelamente al suo impegno transatlantico, Berlusconi ha svolto un ruolo attivo nel rafforzare l'integrazione europea e nel promuovere una maggiore cooperazione tra gli Stati membri dell'UE. Ha lavorato per rafforzare il ruolo dell'Italia all'interno delle istituzioni europee e ha sostenuto l'adozione di politiche comuni in materia di sicurezza, economia e immigrazione. Berlusconi ha anche sostenuto il processo di allargamento dell'UE verso est, favorendo l'adesione di paesi come la Turchia e i Balcani occidentali.

Tuttavia, nonostante il suo impegno per un'Europa unita e per il rafforzamento dei legami transatlantici, Berlusconi ha affrontato anche alcune critiche e controversie in materia di politica estera. Alcuni osservatori hanno sollevato preoccupazioni riguardo alla sua gestione delle relazioni con la Russia e con altri attori internazionali, accusandolo di aver adottato posizioni ambigue e inconsistenti su questioni cruciali come l'energia e la sicurezza. Allo stesso tempo, Berlusconi è stato criticato per la sua gestione della crisi economica europea e per la sua risposta alla crisi dei migranti nel Mediterraneo, con alcuni osservatori che lo accusavano di mancanza di leadership e di visione strategica in materia di politica estera.

<u>**Sezione 2: Cambiamenti nella politica estera italiana sotto la leadership di Berlusconi, inclusi il sostegno ad Israele e alla Turchia.**</u>

Sotto la leadership di Silvio Berlusconi, l'Italia ha subito significativi cambiamenti nella sua politica estera, con un particolare enfasi sul rafforzamento delle relazioni con Israele e la Turchia. Questi cambiamenti hanno segnato una svolta rispetto alle posizioni tradizionali dell'Italia e hanno avuto un impatto significativo sulla geopolitica regionale e internazionale.

Uno dei principali pilastri della politica estera di Berlusconi è stato il sostegno inequivocabile ad Israele. Questo sostegno si è manifestato attraverso una serie di iniziative e dichiarazioni che hanno solidificato i legami tra Italia e Israele. Berlusconi ha espresso apertamente il suo sostegno alla causa israeliana, sottolineando il diritto di Israele di difendersi e di mantenere la sicurezza nazionale di fronte alle minacce esterne. Questo approccio ha portato ad un rafforzamento della cooperazione militare e strategica tra i due paesi, con scambi di intelligence e collaborazione in materia di sicurezza.

Inoltre, Berlusconi ha lavorato attivamente per promuovere il dialogo e la cooperazione economica tra Italia e Israele. Questo ha incluso la promozione degli scambi commerciali e degli investimenti reciproci, nonché lo sviluppo di partnership nell'ambito dell'innovazione e della tecnologia. Questi sforzi hanno contribuito a rafforzare i legami economici tra i due paesi e a creare opportunità di crescita e sviluppo per entrambi.

Allo stesso tempo, Berlusconi ha cercato di approfondire le relazioni con la Turchia, un paese chiave nella geopolitica regionale e internazionale. Questo si è manifestato attraverso una serie di incontri e iniziative volte a rafforzare i legami politici, economici e culturali tra Italia e Turchia. Berlusconi ha riconosciuto il ruolo strategico della Turchia come ponte tra l'Europa e il Medio Oriente, e ha lavorato per promuovere la cooperazione bilaterale su una serie di questioni, tra cui la sicurezza, l'energia e lo sviluppo economico.

In particolare, Berlusconi ha sostenuto vigorosamente l'adesione della Turchia all'Unione Europea, riconoscendo il valore strategico di un'Europa allargata e inclusiva. Ha lavorato per superare le resistenze e gli ostacoli all'adesione turca, sottolineando i benefici di una Turchia democratica e moderna per la stabilità e la prosperità dell'intera regione.

Sezione 3: Relazione con la Russia e implicazioni per la geopolitica europea

La relazione tra Silvio Berlusconi e la Russia ha rappresentato un elemento significativo della sua politica estera durante il suo mandato come Primo Ministro italiano. Berlusconi ha mantenuto una stretta amicizia e una collaborazione politica con il Presidente russo Vladimir Putin, che ha avuto importanti implicazioni per la geopolitica europea e per le relazioni internazionali nel loro complesso.

Berlusconi e Putin hanno sviluppato una solida relazione personale, caratterizzata da frequenti incontri bilaterali e uno scambio costante di opinioni e strategie politiche. Questa vicinanza personale ha portato a una cooperazione più stretta tra

Italia e Russia su una serie di questioni chiave, compresi gli interessi economici, energetici e geopolitici.

Uno dei principali aspetti della relazione tra Berlusconi e Putin è stata la cooperazione economica e commerciale. L'Italia ha mantenuto forti legami economici con la Russia sotto la leadership di Berlusconi, con un aumento degli scambi commerciali e degli investimenti reciproci nei settori dell'energia, dell'industria e del commercio. Berlusconi ha sostenuto attivamente la partecipazione delle imprese italiane a progetti energetici in Russia, compreso il gasdotto South Stream, promuovendo così la diversificazione delle fonti energetiche europee.

Inoltre, Berlusconi ha sostenuto la candidatura della Russia all'adesione all'Unione Europea, riconoscendo il ruolo strategico del paese nel contesto europeo e globale. Ha promosso incontri tra leader europei e russi per discutere di questioni di sicurezza, cooperazione economica e soluzioni diplomatiche ai conflitti regionali.

Tuttavia, la relazione tra Berlusconi e Putin non è stata priva di critiche e controversie. La vicinanza di Berlusconi al presidente russo ha suscitato preoccupazioni riguardo alla sua indipendenza politica e alla sua neutralità nelle relazioni internazionali. Alcuni osservatori hanno sollevato dubbi sulle implicazioni di lungo termine di una così stretta collaborazione tra Italia e Russia, specialmente in merito alla politica energetica europea e alla sicurezza regionale.

Inoltre, la posizione di Berlusconi sulla Russia è stata oggetto di dibattito durante la crisi ucraina del 2014 e il conflitto in Siria. Mentre alcuni hanno elogiato il suo sostegno alla diplomazia e al dialogo con la Russia per risolvere le crisi regionali, altri hanno criticato la sua presunta compiacenza nei confronti del presidente Putin e la sua mancanza di fermezza nel condannare le azioni russe contrarie al diritto internazionale.

Capitolo 5: Fortuna Personale e Controversie

Sezione 1: Panoramica degli ampi interessi commerciali e della ricchezza personale di Berlusconi

Silvio Berlusconi è stato una delle figure più influenti e controverse della storia politica e imprenditoriale italiana. La sua carriera è stata caratterizzata da una vasta gamma di interessi commerciali e da una notevole ricchezza personale, che hanno contribuito a plasmare il suo impatto sulla società italiana e oltre.

Nato il 29 settembre 1936 a Milano, Berlusconi ha intrapreso la sua carriera imprenditoriale con determinazione e ambizione fin dalla giovane età. Ha fondato la sua prima azienda, la Edilnord, nel 1961, e da allora ha ampliato costantemente il suo impero commerciale attraverso una serie di investimenti in diversi settori chiave dell'economia italiana.

Uno dei pilastri del patrimonio di Berlusconi è stata l'industria dei media. Nel 1975, ha fondato il suo primo gruppo mediatico, Fininvest, che ha rapidamente ampliato per includere una rete nazionale di stazioni televisive, tra cui Canale 5, Italia 1 e Rete 4. Queste reti hanno contribuito a consolidare la sua influenza nel panorama mediatico italiano e hanno rappresentato una fonte significativa di ricchezza personale.

Oltre ai media, Berlusconi ha investito in una vasta gamma di settori, tra cui l'edilizia, l'editoria, la finanza, la bancassicurazione e lo sport. Ha posseduto la maggioranza delle azioni di importanti aziende come Mediaset, il più grande gruppo televisivo italiano, e Arnoldo Mondadori Editore, la più grande casa editrice italiana. Ha anche avuto interessi significativi nel settore bancario e assicurativo attraverso società come Mediolanum.

Una delle acquisizioni più iconiche di Berlusconi è stata l'AC Milan, una delle squadre di calcio più titolate al mondo. Ha acquistato il club nel 1986 e ne è diventato il proprietario per oltre tre decenni, contribuendo a plasmare il calcio italiano e internazionale.

Tuttavia, la vasta ricchezza e gli interessi commerciali di Berlusconi non sono stati privi di controversie. Lungo la sua carriera, è stato coinvolto in numerosi scandali finanziari, giudiziari e politici, che hanno sollevato domande sulla sua condotta etica e sul suo rapporto con la legge.

Uno dei principali punti di contesa è stata la presunta commistione tra gli interessi politici e commerciali di Berlusconi. Come primo ministro d'Italia, è stato accusato di aver utilizzato la sua posizione politica per proteggere e promuovere i suoi interessi imprenditoriali, creando un conflitto d'interessi che ha sollevato preoccupazioni sulla trasparenza e l'integrità del suo governo.

Inoltre, Berlusconi è stato oggetto di numerose indagini giudiziarie e processi per frode fiscale, corruzione, riciclaggio di denaro e altri reati finanziari. Sebbene abbia sempre negato le accuse e abbia sostenuto di essere vittima di una caccia alle streghe politicamente motivata, le controversie legali hanno continuato a segnare la sua carriera e a influenzare la sua reputazione.

Nonostante le controversie, il patrimonio e gli interessi commerciali di Berlusconi hanno continuato a prosperare nel corso degli anni, contribuendo a consolidare la sua posizione di una delle figure più potenti e influenti della politica e dell'economia italiane.

<u>**Sezione 2: Analisi delle vicende legali, degli scandali e delle controversie durante la sua carriera.**</u>

Durante la lunga carriera di Silvio Berlusconi, le controversie legali e gli scandali hanno costantemente offuscato la sua ascesa nel mondo della politica e dei media. Le vicende legali di Berlusconi sono state caratterizzate da una serie di indagini, processi e condanne, che hanno alimentato un dibattito costante sulla sua idoneità a ricoprire incarichi pubblici e la sua condotta etica.

Uno degli aspetti più controversi della vita di Berlusconi è stata la sua stretta relazione con il mondo degli affari e i presunti conflitti di interesse derivanti dalla sua vasta ricchezza personale. Durante la sua carriera imprenditoriale e politica, Berlusconi è stato coinvolto in numerosi procedimenti giudiziari riguardanti frodi fiscali, corruzione, riciclaggio di denaro e altri reati finanziari. Tra le controversie più note, vi è il cosiddetto "caso Mediaset", in cui Berlusconi è stato accusato di frode fiscale e falsa testimonianza legata alle sue società di broadcasting.

Inoltre, Berlusconi è stato al centro di scandali legati alla sua vita privata, comprese accuse di rapporti con donne, alcuni dei quali coinvolti in presunti casi di prostituzione. Questi scandali hanno alimentato il dibattito pubblico sulla moralità e l'integrità del leader politico, portando a domande sulla sua capacità di rappresentare adeguatamente il popolo italiano.

Una delle controversie più significative della carriera di Berlusconi è stata la sua condanna per corruzione e abuso di potere nel caso noto come "caso Mills". Nel 2009, Berlusconi è stato condannato in via definitiva a quattro anni di reclusione per corruzione di un testimone, ma a causa della legge sulla prescrizione italiana, la pena è stata annullata. Tuttavia, questa sentenza ha sollevato serie preoccupazioni sulla sua condotta etica e sul suo rispetto per lo stato di diritto.

Altre controversie che hanno segnato la carriera di Berlusconi includono l'uso improprio di risorse pubbliche per scopi personali, il controllo dei media e la manipolazione dell'informazione a fini politici. Questi episodi hanno alimentato critiche sulla sua gestione autoritaria del potere e sulla sua influenza eccessiva sui media italiani.

Nonostante le numerose controversie e le critiche ricevute nel corso degli anni, Silvio Berlusconi ha continuato a mantenere una base di sostegno solida e fedele, dimostrando una notevole resilienza politica e una capacità di sopravvivenza nelle turbolente acque della politica italiana. Tuttavia, il suo patrimonio personale e la sua reputazione sono stati indelebilmente influenzati dalle molteplici controversie che hanno segnato la sua carriera.

Sezione 3: Esame dell'impatto di Berlusconi sui media e sulla società italiana

L'influenza di Silvio Berlusconi sui media e sulla società italiana è stata profonda e variegata, lasciando un'impronta indelebile nel panorama politico e culturale del paese. Da imprenditore mediatico a figura politica di spicco, Berlusconi ha plasmato e distorto l'opinione pubblica attraverso il controllo dei mezzi di comunicazione e la sua presenza costante nell'arena politica. In questa sezione, esamineremo l'impatto di Berlusconi sui media e sulla società italiana, analizzando sia gli aspetti positivi che le controversie che hanno accompagnato il suo dominio nel settore mediatico e politico.

Berlusconi ha costruito un impero mediatico senza precedenti in Italia, controllando una vasta gamma di piattaforme televisive, giornali, editori e altre forme di media. Il suo gruppo Fininvest, successivamente ribattezzato Mediaset, è diventato il pilastro dei media italiani, con una presenza pervasiva nella vita quotidiana degli italiani. Attraverso i suoi canali televisivi, come Canale 5, Italia 1 e Rete 4, Berlusconi è stato in grado di trasmettere il suo messaggio politico direttamente nelle case degli italiani, plasmando le opinioni e influenzando le elezioni.

Tuttavia, l'enorme concentrazione di potere mediatico nelle mani di Berlusconi ha sollevato gravi preoccupazioni riguardo alla libertà di stampa e all'equità delle elezioni. Molti osservatori hanno accusato

Berlusconi di abusare del suo controllo sui media per favorire i suoi interessi politici e commerciali, creando un ambiente mediatico distorto e poco pluralistico. Le accuse di censura e parzialità nei confronti dei media di Berlusconi hanno alimentato il dibattito pubblico e hanno portato a richieste di riforma del settore mediatico italiano.

Inoltre, le controversie personali e legali di Berlusconi hanno contribuito a minare la sua credibilità e l'immagine dei media italiani. Gli scandali sessuali, le accuse di corruzione e i processi giudiziari hanno offuscato la sua reputazione e alimentato la percezione di un leader politico controverso e moralmente discutibile. Le interazioni tra la sua sfera privata e la sua carriera politica hanno sollevato domande riguardo alla trasparenza e all'integrità del suo governo, minando la fiducia nell'istituzione democratica italiana.

Nonostante le critiche e le controversie, l'impatto di Berlusconi sui media e sulla società italiana è stato profondo e duraturo. La sua capacità di manipolare l'opinione pubblica attraverso i mezzi di comunicazione e di influenzare il corso della politica italiana rimane una delle sue eredità più significative. Tuttavia, il suo dominio sui media ha anche sollevato importanti questioni riguardo alla democrazia e alla libertà di stampa in Italia, sottolineando la necessità di un maggiore pluralismo e controllo democratico nel settore mediatico.

Capitolo 6: Ultimi Anni e Problemi di Salute

Sezione 1: Coinvolgimento continuativo di Berlusconi in politica e media dopo aver lasciato l'incarico

Dopo aver lasciato l'incarico di Primo Ministro d'Italia, Silvio Berlusconi ha mantenuto un coinvolgimento attivo e continuo nella politica e nei media italiani. Sebbene non detenesse più una posizione ufficiale di potere, la sua influenza e il suo ruolo nell'arena politica italiana sono rimasti significativi.

Berlusconi ha continuato a svolgere un ruolo di leadership all'interno del suo partito, Forza Italia, contribuendo alla definizione delle strategie politiche e alla selezione dei candidati per le elezioni. Ha mantenuto un profilo pubblico elevato, partecipando regolarmente a eventi politici, dibattiti e conferenze stampa per condividere le sue opinioni e le sue visioni per il futuro dell'Italia.

Inoltre, Berlusconi ha continuato a essere una figura prominente nei media italiani, utilizzando la sua influenza e la sua esperienza nel settore per mantenere un forte impatto sull'opinione pubblica. Ha continuato a possedere e gestire importanti società di media, inclusa Mediaset, il più grande gruppo televisivo privato in Italia, attraverso il quale ha avuto la possibilità di influenzare l'agenda mediatica e promuovere le sue idee politiche.

La sua presenza costante nei media è stata caratterizzata da interviste, apparizioni televisive e commenti pubblici su questioni politiche e sociali rilevanti. Berlusconi ha anche utilizzato i suoi mezzi di comunicazione per difendere se stesso e il suo partito da critiche e attacchi da parte dell'opposizione e dei media avversari.

Nonostante la sua attività politica e mediatica, Berlusconi ha dovuto affrontare diversi problemi di salute che hanno influenzato il suo coinvolgimento continuo. Questi problemi, come problemi cardiaci e complicazioni legate all'età, hanno richiesto periodi di riposo e cure mediche che hanno limitato la sua partecipazione diretta agli eventi politici e mediatici.

Tuttavia, nonostante le sfide legate alla salute, Berlusconi ha continuato a essere un punto di riferimento per molti sostenitori e membri del suo partito, che hanno guardato a lui per leadership, guida e ispirazione. Il suo ruolo di figura di spicco nella politica italiana e nei media è stato un elemento significativo nel panorama politico e culturale dell'Italia, influenzando il dibattito pubblico e la direzione del paese anche negli ultimi anni della sua vita.

<u>**Sezione 2: Panoramica dei problemi di salute e delle ospedalizzazioni affrontate da Berlusconi.**</u>

Durante gli ultimi anni della sua vita e della sua carriera, Silvio Berlusconi ha affrontato una serie di sfide significative legate alla sua salute. Questi problemi di salute hanno avuto un impatto profondo sulla sua vita personale e pubblica, influenzando anche il suo coinvolgimento continuativo nella politica e nei media italiani.

Uno degli episodi più gravi si è verificato il 7 giugno 2016, poco dopo la campagna per le elezioni locali italiane, quando Berlusconi è stato ricoverato presso l'Ospedale San Raffaele di Milano a causa di problemi cardiaci. Inizialmente, la situazione sembrava critica e il suo medico personale, il dottor Alberto Zangrillo, ha dichiarato che l'ictus avrebbe potuto ucciderlo. Di conseguenza, Berlusconi ha dovuto sottoporsi a un intervento chirurgico al cuore per sostituire una valvola aortica difettosa.

Questo evento ha sollevato preoccupazioni su una possibile fine prematura della sua carriera politica e imprenditoriale. Tuttavia, Berlusconi ha dimostrato una notevole resilienza e ha superato con successo l'intervento chirurgico. La sua determinazione a continuare a svolgere un ruolo attivo nella politica italiana è stata evidente anche durante il periodo di ricovero in ospedale, quando ha continuato a partecipare attivamente alla gestione del suo partito, Forza Italia.

Purtroppo, i problemi di salute di Berlusconi non si sono fermati qui. Nel settembre 2020, nel bel mezzo della pandemia di COVID-19, Berlusconi ha contratto il virus dopo essere stato a contatto con il businessman Flavio Briatore, che era stato ricoverato dopo aver contratto il virus. Inizialmente, Berlusconi ha annunciato di stare bene e di continuare a lavorare nonostante la malattia. Tuttavia, poco dopo è stato ricoverato nuovamente presso l'Ospedale San Raffaele di Milano a causa di una polmonite bilaterale.

Il dottor Alberto Zangrillo, capo del reparto di terapia intensiva dell'Ospedale San Raffaele, ha dichiarato che Berlusconi è stato ricoverato con un carico virale molto alto, ma che la sua risposta alla malattia è stata "ottimale". Dopo alcuni giorni di trattamento ospedaliero, Berlusconi è stato dimesso dall'ospedale. Tuttavia, la sua esperienza con il COVID-19 è stata definita da lui stesso come "l'esperienza più pericolosa e spaventosa" della sua vita.

Nel maggio 2021, Berlusconi è stato nuovamente ricoverato in ospedale a causa delle conseguenze a lungo termine del COVID-19. Questo evento ha sollevato preoccupazioni sulla sua salute continua e ha messo in evidenza la sua vulnerabilità a causa della sua età avanzata e dei precedenti problemi cardiaci.

Nel gennaio 2022, Berlusconi è stato nuovamente ospedalizzato per otto giorni per trattare un'infezione urinaria grave con una forte terapia antibiotica. Questo ricovero ha comportato la sua assenza dalle elezioni presidenziali italiane, evidenziando ulteriormente l'impatto che i suoi problemi di salute hanno avuto sulla sua partecipazione attiva alla politica italiana.

Infine, nel marzo 2023, Berlusconi è stato nuovamente ricoverato presso l'Ospedale San Raffaele per tre giorni a causa di dolori. Questo episodio ha evidenziato la sua fragilità fisica e ha sollevato ulteriori preoccupazioni sulla sua salute complessiva.

Sezione 3: Impatto del COVID-19 e di altre sfide di salute sugli ultimi anni di Berlusconi

Il periodo recente della vita di Silvio Berlusconi è stato segnato da sfide significative legate alla sua salute, con particolare enfasi sugli effetti della pandemia da COVID-19. Questo capitolo esplora l'impatto che le questioni di salute hanno avuto sugli ultimi anni dell'ex Primo Ministro italiano, evidenziando la complessità dei problemi incontrati e le loro implicazioni sulla sua vita pubblica e privata.

La pandemia globale da COVID-19, che ha colpito duramente l'Italia e il mondo intero, ha rappresentato una delle più grandi sfide per Berlusconi. Nel settembre 2020, Berlusconi ha annunciato di aver contratto il virus, dopo essere stato in contatto con persone infette, incluso l'imprenditore Flavio Briatore. L'annuncio ha suscitato preoccupazione e attenzione da parte del pubblico, poiché Berlusconi, all'età di 84 anni, era considerato a rischio per complicazioni legate al virus.

Il decorso della malattia di Berlusconi è stato seguito con grande interesse dai media e dal pubblico italiano. Dopo l'annuncio della sua positività al COVID-19, Berlusconi è stato ricoverato presso l'Ospedale San Raffaele di Milano il 3 settembre 2020, dopo aver sviluppato una polmonite bilaterale. Il dottor Alberto Zangrillo, primario dell'unità di terapia intensiva dell'ospedale, ha dichiarato che Berlusconi aveva un carico virale molto elevato, ma che la sua risposta alla malattia era stata "ottimale".

Il ricovero di Berlusconi all'ospedale San Raffaele ha attirato l'attenzione dei media nazionali e internazionali, alimentando il dibattito pubblico sulla gestione della pandemia da parte del governo italiano e sulle misure preventive adottate per contenere la diffusione del virus. Nel frattempo, la sua condizione di salute ha suscitato preoccupazione tra i suoi sostenitori e gli osservatori politici, con molti che temevano per la sua vita.

Dopo diversi giorni di ricovero, Berlusconi è stato dimesso dall'ospedale San Raffaele il 14 settembre 2020, con un comunicato che confermava il suo miglioramento e la sua guarigione dalla malattia. Berlusconi stesso ha definito il COVID-19 "l'esperienza più pericolosa e spaventosa" della sua vita, evidenziando l'impatto significativo che la malattia ha avuto su di lui personalmente e sulla sua percezione del mondo.

Tuttavia, la battaglia di Berlusconi contro la malattia non si è conclusa con il suo ricovero in ospedale. Nel maggio 2021, è stato nuovamente ricoverato a causa delle conseguenze a lungo termine del COVID-19, evidenziando la natura persistente e complessa della sua lotta contro la malattia. Questi ricoveri ripetuti hanno sottolineato la fragilità della salute di Berlusconi e hanno sollevato interrogativi sulle sue capacità di continuare a svolgere un ruolo attivo nella politica e nella vita pubblica italiana.

Oltre al COVID-19, Berlusconi ha affrontato altre sfide di salute negli ultimi anni, compresa una grave infezione alle vie urinarie che lo ha portato all'ospedalizzazione nel gennaio 2022. Questi problemi di salute hanno ulteriormente compromesso la sua già delicata condizione fisica e hanno sollevato domande sulla sua capacità di mantenere un ruolo di rilievo nella scena politica italiana.

Capitolo 7: Eredità e Impatto

<u>Sezione 1: Valutazione dell'eredità di Berlusconi nella politica, nei media e nella società italiana.</u>

L'eredità di Silvio Berlusconi nella politica, nei media e nella società italiana è complessa e polarizzante, riflettendo la sua lunga e influente carriera nel panorama italiano. Attraverso una valutazione approfondita, è possibile analizzare gli impatti duraturi che Berlusconi ha avuto su questi settori chiave della società italiana.

Nella politica italiana, l'eredità di Berlusconi è caratterizzata da una serie di successi e controversie. Da un lato, ha contribuito a ridefinire il panorama politico italiano con la formazione del partito Forza Italia e la sua ascesa al potere come primo ministro per tre mandati distinti. La sua leadership ha portato a riforme significative in settori come l'economia, la giustizia e le politiche sociali.

Tuttavia, l'eredità politica di Berlusconi è stata oscurata da accuse di corruzione, abuso di potere e conflitto di interessi legati alla sua vasta ricchezza e influenza nei media. Le sue vicende giudiziarie e gli scandali personali hanno minato la sua credibilità e alimentato la polarizzazione politica in Italia. Inoltre, la sua stretta associazione con partiti di estrema destra e il suo approccio populista hanno sollevato preoccupazioni riguardo alla sua lealtà democratica e all'integrità del processo politico italiano.

Nei media italiani, l'eredità di Berlusconi è altrettanto significativa. Attraverso il suo impero mediatico, che includeva reti televisive, giornali e piattaforme digitali, Berlusconi ha esercitato un'influenza senza precedenti sull'opinione pubblica e sul dibattito politico. La sua capacità di plasmare e controllare la narrazione mediatica ha sollevato preoccupazioni riguardo alla libertà di stampa e all'indipendenza dei media in Italia.

Inoltre, Berlusconi ha contribuito a ridefinire i modelli di comportamento e le norme sociali attraverso la sua presenza costante nei media e la sua immagine pubblica. La sua combinazione di carisma, ricchezza e stile di vita sfarzoso ha esercitato un'influenza duratura sull'identità culturale italiana, alimentando sia l'ammirazione che la critica da parte del pubblico.

Nella società italiana, l'eredità di Berlusconi si riflette nei cambiamenti politici, culturali ed economici che ha promosso e sostenuto durante la sua carriera. Sebbene abbia contribuito a modernizzare l'economia italiana e a promuovere il libero mercato, il suo dominio politico e mediatico ha anche alimentato disuguaglianze sociali e polarizzazione politica.

Complessivamente, l'eredità di Berlusconi nella politica, nei media e nella società italiana è controversa e soggetta a interpretazioni contrastanti. Mentre alcuni lo considerano un riformatore e un innovatore, altri lo vedono come un opportunista e un demagogo. La sua influenza continua a essere oggetto di dibattito e riflessione in Italia e oltre i suoi confini, lasciando un'impronta indelebile sulla storia moderna del paese.

Sezione 2: Analisi dell'influenza duratura di Berlusconi sulla democrazia e sulla governance italiana

Silvio Berlusconi ha lasciato un'impronta indelebile sulla democrazia e sulla governance italiana, lasciando un'eredità complessa e controversa che continua ad influenzare il paese anche dopo la fine del suo mandato politico. L'analisi dell'influenza di Berlusconi su questi aspetti cruciali della società italiana richiede un'esplorazione approfondita dei suoi metodi di governo, delle sue politiche e del suo impatto sulle istituzioni democratiche.

Uno degli aspetti più significativi dell'influenza di Berlusconi sulla democrazia italiana è stato il suo controllo su vasti settori dei media nazionali attraverso la sua azienda, Mediaset. Questo controllo senza precedenti sui mezzi di comunicazione ha sollevato preoccupazioni riguardo alla libertà di stampa e all'equilibrio dell'informazione nel paese. Berlusconi è stato accusato di utilizzare i suoi media per promuovere la propria agenda politica e per influenzare l'opinione pubblica a suo vantaggio. La sua presenza nel panorama mediatico italiano ha sollevato interrogativi sulla pluralità dell'informazione e sulla capacità dei cittadini di accedere a fonti di informazione imparziali e obiettive.

Inoltre, l'influenza di Berlusconi sulla governance italiana è stata caratterizzata da una serie di riforme legislative e cambiamenti istituzionali che hanno ridefinito il panorama politico del paese. Durante i suoi mandati come Primo

Ministro, Berlusconi ha promosso politiche economiche orientate al libero mercato e alla deregolamentazione, con l'obiettivo di stimolare la crescita economica e l'innovazione. Tuttavia, queste politiche hanno suscitato controversie e dibattiti sulla distribuzione della ricchezza e sull'equità sociale in Italia. Inoltre, Berlusconi è stato oggetto di accuse di corruzione e conflitto di interessi, sollevando interrogativi sulla trasparenza e sull'integrità del sistema politico italiano.

L'eredità di Berlusconi sulla democrazia italiana è stata quindi caratterizzata da una serie di tensioni e contraddizioni che hanno influenzato la governance e il funzionamento delle istituzioni democratiche nel paese. Da un lato, la sua leadership carismatica e la sua capacità di mobilitare il consenso popolare hanno contribuito a plasmare il panorama politico italiano e a promuovere un senso di partecipazione civica tra i cittadini. Dall'altro lato, le sue azioni controverse e il suo stile di leadership personalistico hanno sollevato dubbi sulla salute della democrazia italiana e sulla sua capacità di garantire l'equità e la giustizia per tutti i suoi cittadini.

<u>Sezione 3: Riflessioni sulla complessa personalità di Berlusconi e sul suo significato duraturo</u>

Nel tentativo di valutare l'eredità e l'impatto di Silvio Berlusconi sulla politica, sui media e sulla società italiana, è essenziale scrutare la sua complessa personalità e il suo significato duraturo. Berlusconi, senza dubbio, è stato una figura polarizzante, suscitando ferventi sostenitori e accesi critici. Tuttavia, oltre alle sue azioni politiche e imprenditoriali, è importante esaminare la sua personalità e il modo in cui questa ha influenzato il suo ruolo pubblico e la percezione della sua leadership.

Una delle caratteristiche più evidenti della personalità di Berlusconi è stata la sua straordinaria abilità comunicativa e il suo carisma magnetico. Era dotato di un innegabile fascino e di un talento per la retorica che lo rendevano un abile comunicatore e un leader carismatico. Queste qualità gli hanno permesso di costruire un vasto seguito politico e mediatico, mantenendo un controllo saldamente radicato nel tessuto sociale italiano per decenni.

Tuttavia, la stessa personalità carismatica di Berlusconi è stata spesso accompagnata da comportamenti controversi e decisioni discutibili. La sua tendenza a sfidare le convenzioni sociali e politiche, insieme alla sua propensione per gli scandali personali, ha alimentato le critiche e ha minato la sua credibilità agli occhi di molti. Le numerose vicende giudiziarie e gli scandali sessuali hanno offuscato la sua leadership politica e hanno alimentato il dibattito sulla sua idoneità al potere.

Inoltre, la personalità di Berlusconi era intrinsecamente legata al suo stile di leadership autocratico e alla sua inclinazione per il controllo. Era noto per la sua leadership centralizzata e per la sua tendenza a prendere decisioni unilaterali, spesso ignorando le opinioni e le critiche dei suoi collaboratori e della società civile. Questo approccio autoritario ha alimentato le preoccupazioni riguardo alla democrazia e alla trasparenza durante il suo mandato, suscitando dibattiti sulle sue vere intenzioni e sulla sua dedizione ai principi democratici.

Nonostante le critiche e le controversie, l'eredità di Berlusconi rimane innegabilmente significativa e complessa.

Ha lasciato un'impronta indelebile sulla politica italiana, trasformando il panorama politico e mediatico del paese per sempre. Il suo impatto sulle istituzioni, sull'economia e sulla cultura italiana è stato profondo e duraturo, definendo un'intera era nella storia contemporanea italiana.

In ultima analisi, il significato duraturo di Berlusconi risiede nella sua capacità di incarnare le contraddizioni e le ambiguità della società italiana. È stato un personaggio emblematico di un'epoca caratterizzata da rapidi cambiamenti sociali, politici ed economici, riflettendo le complessità e le tensioni di una nazione in evoluzione. La sua eredità sarà oggetto di studio e dibattito per molti anni a venire, continuando a suscitare interrogativi e riflessioni sulla natura della leadership e del potere nella società contemporanea.

Conclusioni

Nel corso di questo libro abbiamo esplorato in profondità la vita, la carriera e l'eredità di Silvio Berlusconi, un personaggio complesso che ha lasciato un'impronta indelebile sulla politica, sui media e sulla società italiana. Attraverso un'analisi attenta e obiettiva, abbiamo cercato di comprendere i molteplici aspetti della sua figura, dalle sue radici imprenditoriali alla sua ascesa politica, dalle controversie legali alle sfide di salute degli ultimi anni.

Berlusconi è stato indubbiamente uno dei personaggi più influenti e polarizzanti nella storia moderna italiana. La sua abilità nel costruire un impero mediatico senza precedenti, combinata con la sua carriera politica ricca di successi e scandali, ha suscitato un ampio dibattito sulla sua figura e sul suo impatto sulla democrazia italiana.

Uno degli elementi centrali del nostro esame è stato il modo in cui Berlusconi ha plasmato il panorama mediatico italiano, utilizzando i suoi canali televisivi per influenzare l'opinione pubblica e sostenere le proprie ambizioni politiche. La sua capacità di controllare e manipolare l'informazione ha sollevato preoccupazioni sulla libertà di stampa e sull'equilibrio dei poteri in Italia.

Tuttavia, il suo contributo alla politica italiana non può essere sottovalutato. Berlusconi ha dominato la scena politica italiana per decenni, guidando coalizioni di centro-destra e assumendo il ruolo di

Primo Ministro per tre mandati distinti. Durante il suo tempo al potere, ha implementato politiche economiche e sociali che hanno suscitato sia elogi che critiche, lasciando un'eredità contraddittoria che continua ad influenzare il dibattito politico italiano.

Le controversie legali e gli scandali personali hanno segnato la carriera di Berlusconi, gettando ombre sulla sua leadership e sollevando domande sulla sua idoneità a governare. Tuttavia, la sua abilità nel mantenere il sostegno popolare e la sua capacità di navigare attraverso le tempeste politiche sono testimoni della sua resilienza e della sua determinazione.

Negli ultimi anni della sua vita, Berlusconi ha affrontato sfide di salute significative, compresa una battaglia contro il

COVID-19 e problemi cardiaci. Questi eventi hanno aggiunto un ulteriore capitolo alla sua storia personale, mettendo in evidenza la sua fragilità umana e suscitando un senso di compassione anche tra i suoi critici più accesi.

In definitiva, l'eredità di Silvio Berlusconi è complessa e contraddittoria, riflettendo la complessità della politica italiana e della società in generale. Mentre alcuni lo vedono come un visionario imprenditore e un leader carismatico, altri lo considerano un opportunista senza scrupoli e un pericolo per la democrazia.

Indipendentemente dalle opinioni personali su Berlusconi, è innegabile che abbia lasciato un'impronta indelebile sulla storia italiana. La sua vita e la sua carriera continuano a essere oggetto di studio e dibattito, offrendo un'opportunità unica per comprendere meglio i complessi rapporti tra potere, politica e media nella società contemporanea.

Concludendo, Silvio Berlusconi rimarrà una figura iconica nella storia italiana, il cui impatto sarà oggetto di analisi e discussione per molti anni a venire. Che sia visto come un eroe o un villain, la sua influenza continuerà a essere sentita nel tessuto della politica italiana e oltre.